Impressum
Verlag: BABADADA GmbH, Nedderfeld 112 , 22529 Hamburg
Geschäftsführer / Verlagsleitung: Harald Hof
Druck: Books on Demand GmbH, In de Tarpen 42, 22848 Norderstedt

Imprint
Publisher: BABADADA GmbH, Nedderfeld 112 , 22529 Hamburg, Germany
Managing Director / Publishing direction: Harald Hof
Print: Books on Demand GmbH, In de Tarpen 42, 22848 Norderstedt

school

die Schule

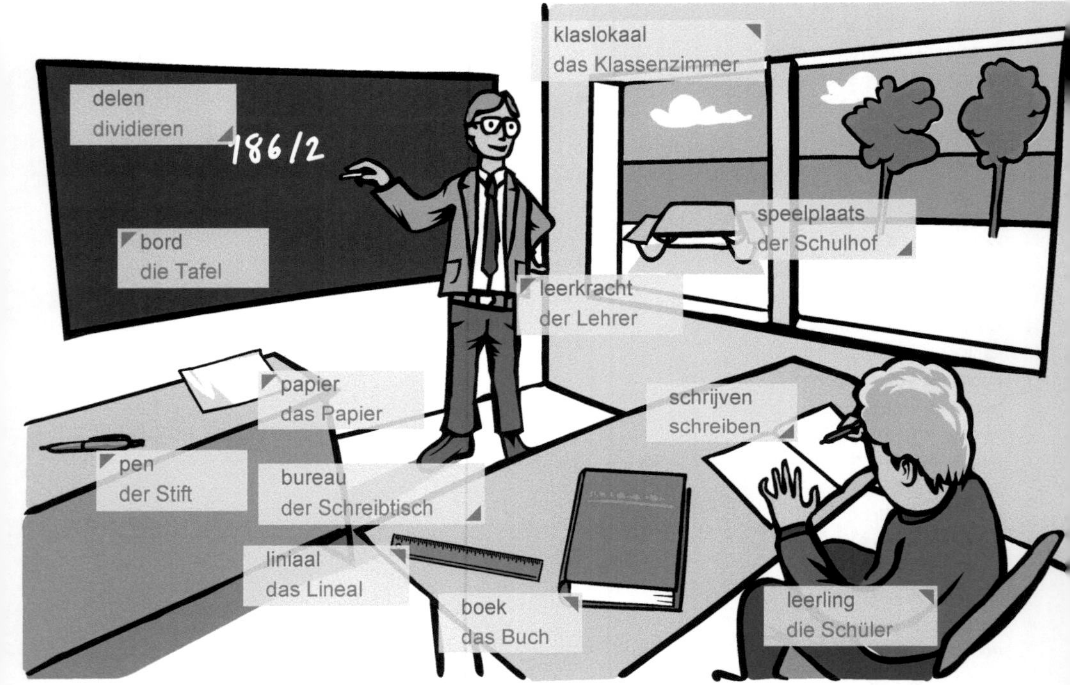
klaslokaal
das Klassenzimmer
delen
dividieren
186/2
speelplaats
der Schulhof
bord
die Tafel
leerkracht
der Lehrer
papier
das Papier
schrijven
schreiben
pen
der Stift
bureau
der Schreibtisch
liniaal
das Lineal
boek
das Buch
leerling
die Schüler

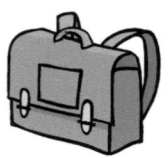

schooltas

die Schultasche

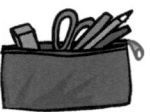

pennenzak

die Federmappe

potlood

der Bleistift

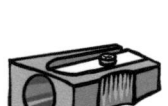

puntenslijper

der Bleistiftspitzer

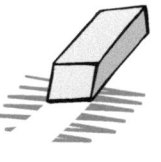

gom

der Radierer

tekenblok

der Zeichenblock

tekening
die Zeichnung

verfborstel
der Pinsel

verfdoos
der Malkasten

schaar
die Schere

lijm
der Klebstoff

werkboek
das Übungsheft

huiswerk
die Hausübung

nummer
die Zahl

optellen
addieren

aftrekken
subtrahieren

vermenigvuldigen
multiplizieren

rekenen
rechnen

letter
der Buchstabe

alfabet
das Alphabet

woord
das Wort

tekst
der Text

Lezen
lesen

krijt
die Kreide

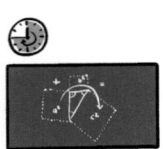

les
die Unterrichtsstunde

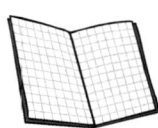

klassenboek
das Klassenbuch

examen
die Prüfung

certificaat
das Zeugnis

schooluniform
die Schuluniform

onderwijs
die Ausbildung

encyclopedie
das Lexikon

universiteit
die Universität

microscoop
das Mikroskop

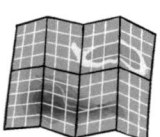

kaart
die Karte

papiermand
der Papierkorb

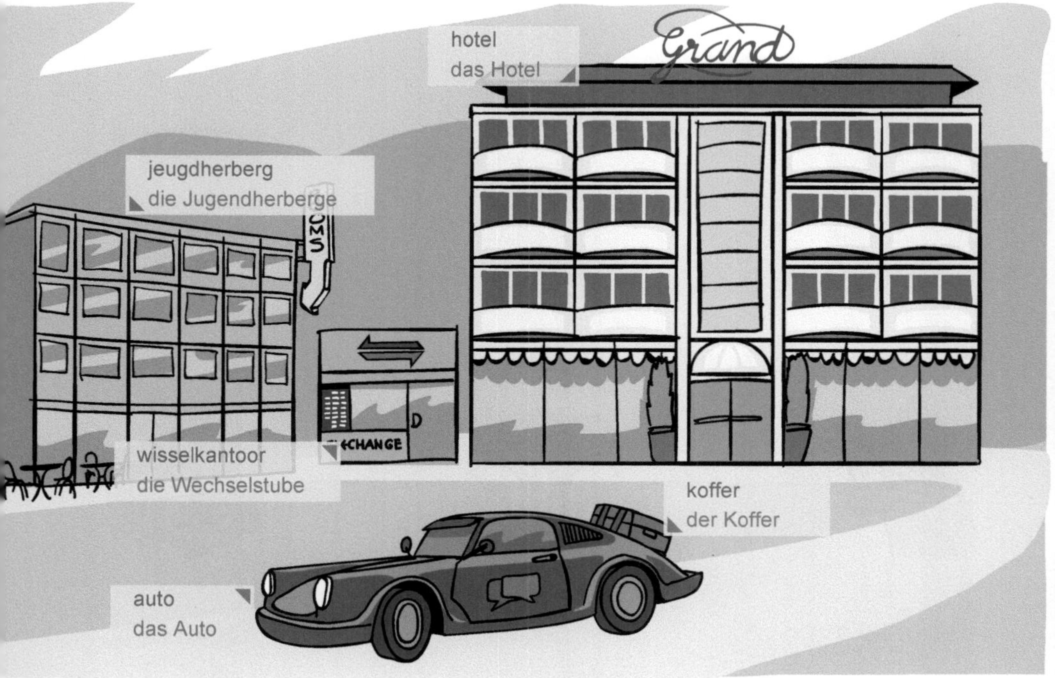

hotel
das Hotel

jeugdherberg
die Jugendherberge

wisselkantoor
die Wechselstube

koffer
der Koffer

auto
das Auto

Taal

die Sprache

ja / nee

ja / nein

oké

Okay

hallo

Hallo

vertaler

die Dolmetscherin

bedankt

Danke

Hoeveel kost ...?

Wie viel kostet ...?

Ik begrijp het niet

Ich verstehe nicht.

probleem

das Problem

Goedenavond!

Guten Abend!

Goedemorgen!

Guten Morgen!

Goedenavond!

Gute Nacht!

Tot ziens

Auf Wiederschaun!

richting

die Richtung

bagage

das Gepäck

zak

die Tasche

rugzak

der Rucksack

gast

der Gast

kamer

das Zimmer

slaapzak

der Schlafsack

tent

das Zelt

reis - die Reise

toeristeninformatie

die Touristeninformation

strand

der Strand

kredietkaart

die Kreditkarte

ontbijt

das Frühstück

lunch

das Mittagessen

avondeten

das Abendessen

ticket

die Fahrkarte

lift

der Lift

postzegel

die Briefmarke

grens

die Grenze

douane

der Zoll

ambassade

die Botschaft

visum

das Visum

paspoort

der Pass

transport

der Transport

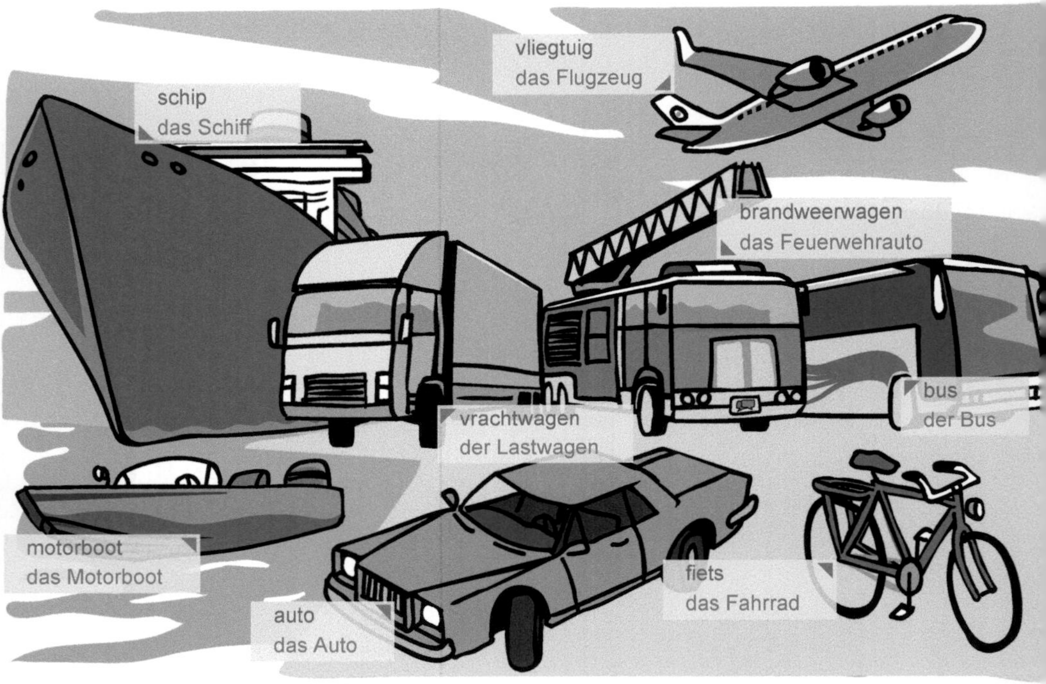

vliegtuig
das Flugzeug
schip
das Schiff
brandweerwagen
das Feuerwehrauto
bus
der Bus
vrachtwagen
der Lastwagen
motorboot
das Motorboot
fiets
das Fahrrad
auto
das Auto

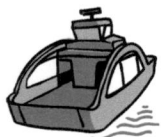

veerboot

die Fähre

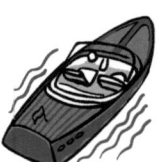

boot

das Boot

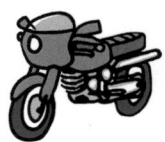

motor

das Motorrad

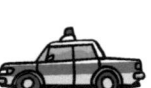

politiewagen

das Polizeiauto

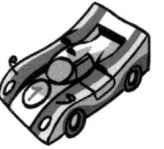

racewagen

das Rennauto

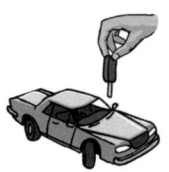

huurauto

der Mietwagen

carpoolen

das Carsharing

sleepwagen

der Abschleppwagen

vuilniswagen

der Müllwagen

motor

der Motor

benzine

der Kraftstoff

benzinestation

die Tankstelle

verkeersbord

das Verkehrsschild

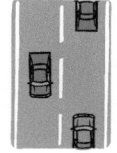

verkeer

der Verkehr

file

der Stau

parkeerplaats

der Parkplatz

station

der Bahnhof

sporen

die Schienen

trein

der Zug

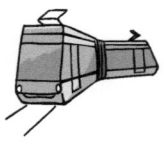

tram

die Straßenbahn

wagon

der Wagon

helikopter

der Hubschrauber

luchthaven

der Flughafen

toren

der Tower

passagier

der Passagier

container

der Container

karton

der Karton

kar

der Rollwagen

mand

der Korb

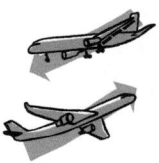

opstijgen / landen

starten / landen

stad

die Stadt

dorp

das Dorf

stadscentrum

das Stadtzentrum

huis

das Haus

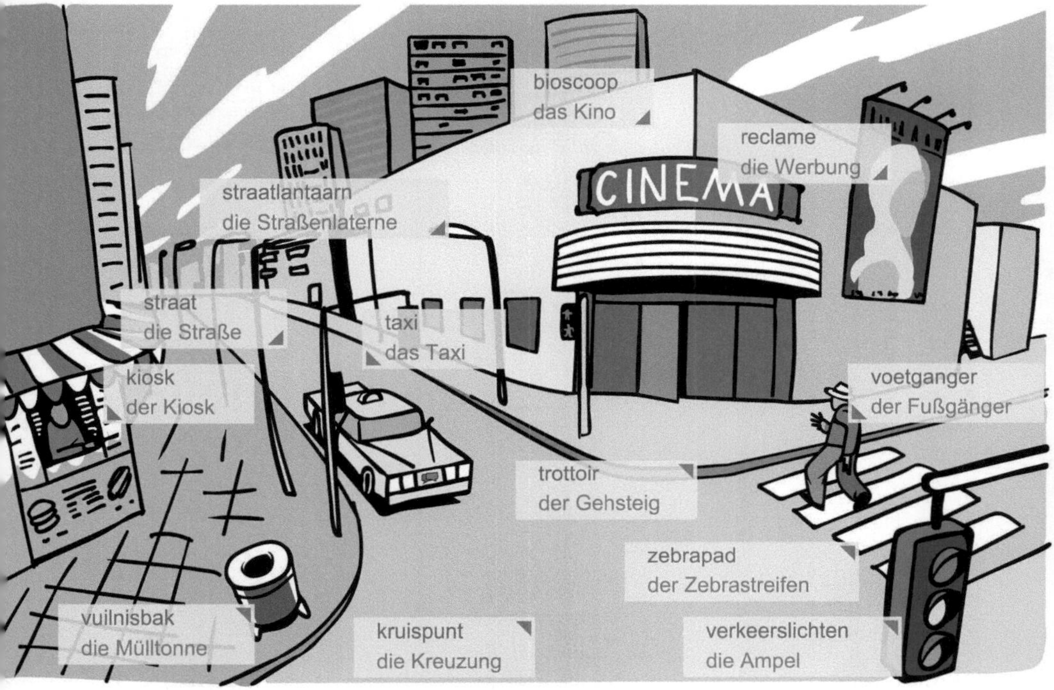
bioscoop
das Kino
CINEMA
reclame
die Werbung
straatlantaarn
die Straßenlaterne
straat
die Straße
taxi
das Taxi
kiosk
der Kiosk
voetganger
der Fußgänger
trottoir
der Gehsteig
zebrapad
der Zebrastreifen
vuilnisbak
die Mülltonne
kruispunt
die Kreuzung
verkeerslichten
die Ampel

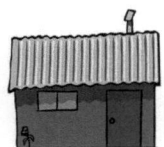

hut

die Hütte

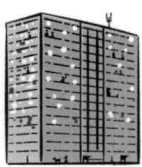

woning

die Wohnung

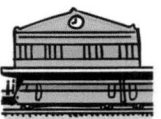

station

der Bahnhof

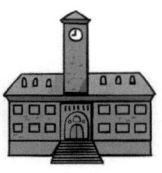

stadshuis

das Rathaus

MUSEUM

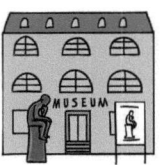

museum

das Museum

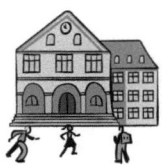

school

die Schule

universiteit

die Universität

bank

die Bank

ziekenhuis

das Spital

hotel

das Hotel

apotheek

die Apotheke

kantoor

das Büro

boekwinkel

die Buchhandlung

winkel

das Geschäft

bloemenwinkel

der Blumenladen

supermarkt

der Supermarkt

markt

der Markt

warenhuis

das Kaufhaus

vishandelaar

der Fischhändler

winkelcentrum

das Einkaufszentrum

haven

der Hafen

stad - die Stadt

park
der Park

bank
die Bank

brug
die Brücke

trap
die Stiege

metro
die U-Bahn

tunnel
der Tunnel

bushalte
die Bushaltestelle

bar
die Bar

restaurant
das Restaurant

brievenbus
der Briefkasten

straatnaambord
das Straßenschild

parkeermeter
die Parkuhr

zoo
der Zoo

zwembad
die Badeanstalt

moskee
die Moschee

boerderij
der Bauernhof

milieuverontreiniging
die Umweltverschmutzung

kerkhof
der Friedhof

kerk
die Kirche

speelplaats
der Spielplatz

tempel
der Tempel

landschap
die Landschaft

blad
das Blatt

wegwijzer
der Wegweiser

weg
der Weg

weide
die Wiese

steen
der Stein

boom
der Baum

wandelaar
der Wanderer

rivier
der Fluss

gras
das Gras

bloem
die Blume

vallei

das Tal

heuvel

der Hügel

meer

der See

bos

der Wald

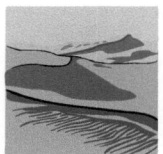

woestijn

die Wüste

vulkaan

der Vulkan

kasteel

das Schloss

regenboog

der Regenbogen

paddenstoel

der Pilz

palmboom

die Palme

mug

der Moskito

vlieg

die Fliege

mier

die Ameise

bijl

die Biene

spin

die Spinne

kever

der Käfer

kikker

der Frosch

eekhoorn

das Eichhörnchen

egel

der Igel

haas

der Hase

uil

die Eule

vogel

die Vogel

zwaan

der Schwan

wild zwijn

das Wildschwein

hert

der Hirsch

eland

der Elch

dam

der Staudamm

windturbine

das Windrad

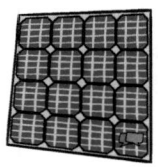

zonnepaneel

das Solarmodul

klimaat

das Klima

landschap - die Landschaft

restaurant
das Restaurant

ober
der Kellner
menu
die Speisekarte
stoel
der Sessel
soep
die Suppe
pizza
die Pizza
tafelkleed
die Tischdecke
bestek
das Besteck

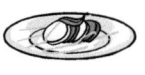

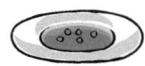

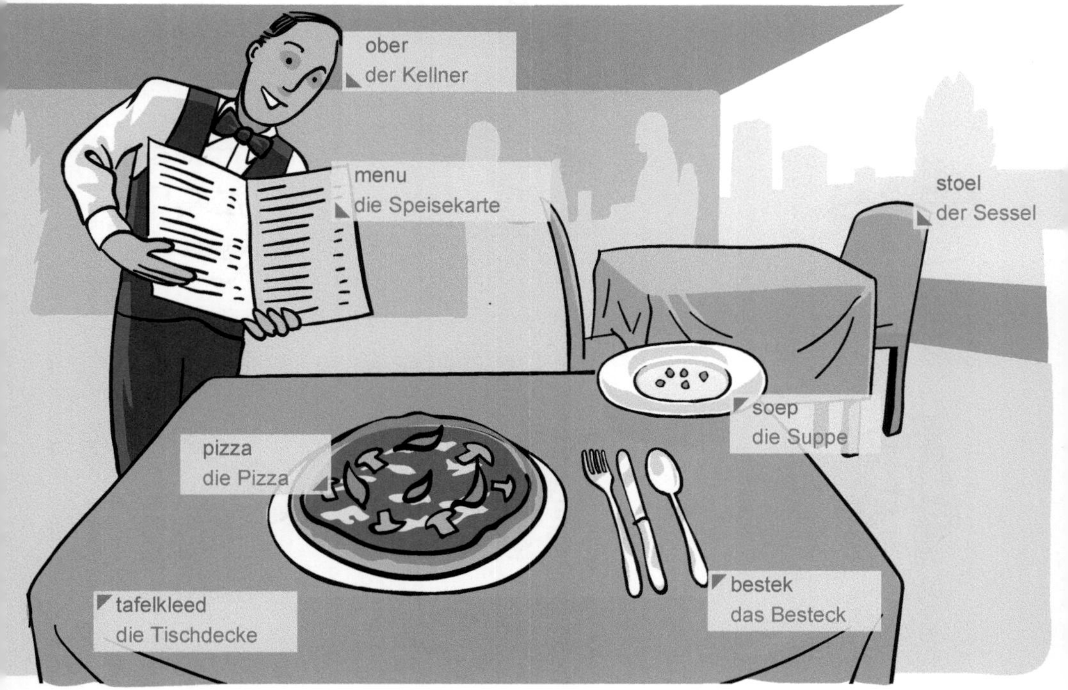

voorgerecht

die Vorspeise

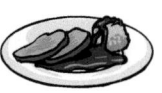

hoofdgerecht

das Hauptgericht

nagerecht

die Nachspeise

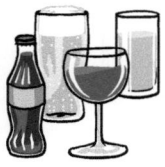

drankjes

die Getränke

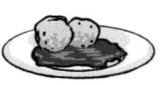

eten

das Essen

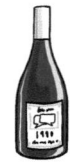

fles

die Flasche

fastfood

das Fastfood

street food

das Streetfood

theepot

die Teekanne

suikerpot

die Zuckerdose

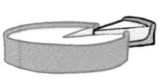

portie

die Portion

espressomachine

die Espressomaschine

kinderstoel

der Kinderstuhl

rekening

die Rechnung

dienblad

das Tablett

mes

das Messer

vork

die Gabel

lepel

der Löffel

theelepel

der Teelöffel

serviette

die Serviette

glas

das Glas

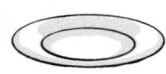

bord

der Teller

soepbord

der Suppenteller

schoteltje

die Untertasse

saus

die Sauce

zoutvatje

der Salzstreuer

pepermolen

die Pfeffermühle

azijn

der Essig

olie

das Öl

kruiden

die Gewürze

ketchup

das Ketchup

mosterd

der Senf

mayonaise

die Mayonnaise

supermarkt
der Supermarkt

aanbieding
das Angebot
FOR
klant
der Kunde
zuivelproducten
die Milchprodukte
fruit
das Obst
winkelwagen
der Einkaufswagen

BUTCHERS

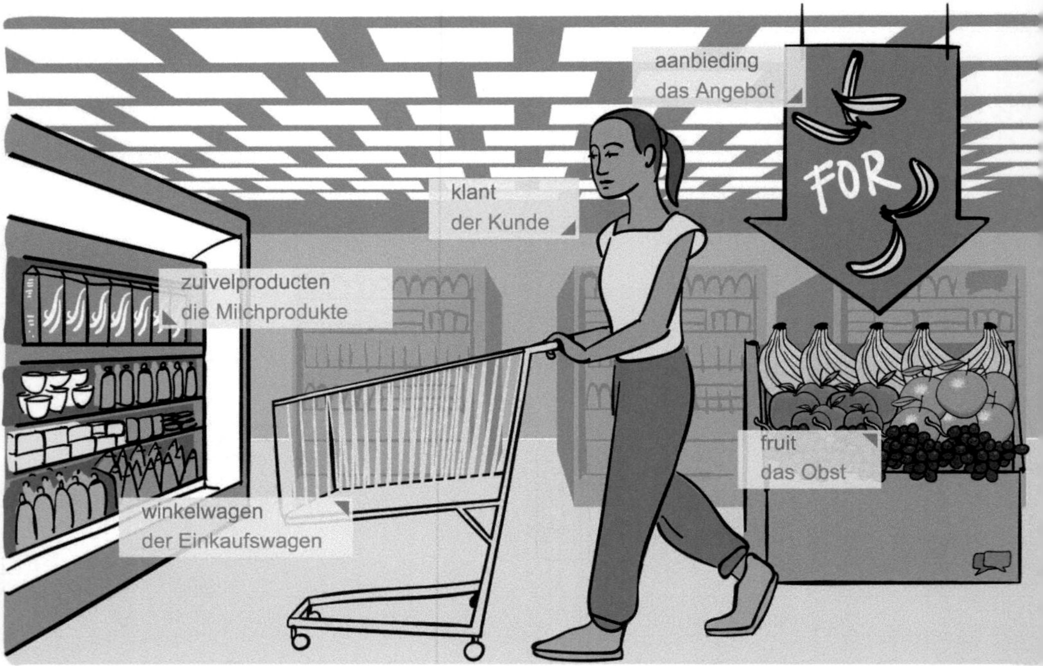

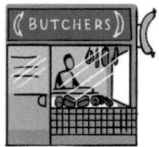

slagerij

die Schlachterei

BAKERY

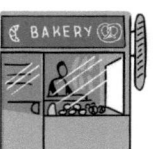

bakkerij

die Bäckerei

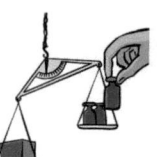

wegen

wiegen

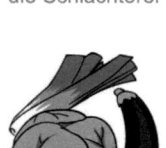

groenten

das Gemüse

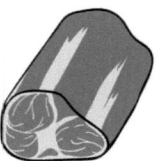

vlees

das Fleisch

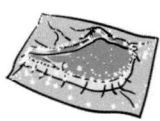

diepvriesvoedsel

die Tiefkühlkost

charcuterie

der Aufschnitt

conserven

die Konserven

waspoeder

das Waschmittel

snoep

die Süßigkeiten

huishoudproducten

die Haushaltsartikel

schoonmaakproducten

das Reinigungsmittel

verkoopster

die Verkäuferin

kassa

die Kassa

kassier

die Kassiererin

boodschappenlijstje

die Einkaufsliste

openingstijden

die Öffnungszeiten

portefeuille

die Brieftasche

kredietkaart

die Kreditkarte

tas

die Tasche

plastieken zakje

die Plastiktüte

water
....
das Wasser

sap
....
der Saft

melk
....
die Milch

cola
....
die Cola

wijn
....
der Wein

bier
....
das Bier

alcohol
....
der Alkohol

cacao
....
der Kakao

thee
....
der Tee

koffie
....
der Kaffee

espresso
....
der Espresso

cappuccino
....
der Cappuccino

banaan

die Banane

appel

der Apfel

sinaasappel

die Orange

meloen

die Melone

citroen

die Zitrone

wortel

die Karotte

knoflook

der Knoblauch

bamboe

der Bambus

ajuin

die Zwiebel

champignon

der Pilz

noten

die Nüsse

noodles

die Nudeln

spaghetti

die Spaghetti

rijst

der Reis

salade

der Salat

frieten

die Pommes frites

gebakken aardappelen

die Bratkartoffeln

pizza

die Pizza

hamburger

der Hamburger

sandwich

das Sandwich

kalfslapje

das Schnitzel

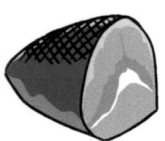

ham

der Schinken

salami

die Salami

worst

die Wurst

kip

das Huhn

braden

der Braten

vis

der Fisch

havervlokken

die Haferflocken

muesli

das Müsli

cornflakes

die Cornflakes

bloem

das Mehl

croissant

das Croissant

pistolet

die Semmel

brood

das Brot

toast

der Toast

koekjes

die Kekse

boter

die Butter

kwark

der Topfen

taart

der Kuchen

ei

das Ei

spiegelei

das Spiegelei

kaas

der Käse

ijs

die Eiscreme

suiker

der Zucker

honing

der Honig

confituur

die Marmelade

choco

der Schokoladenaufstrich

curry

das Curry

boerderij
der Bauernhof

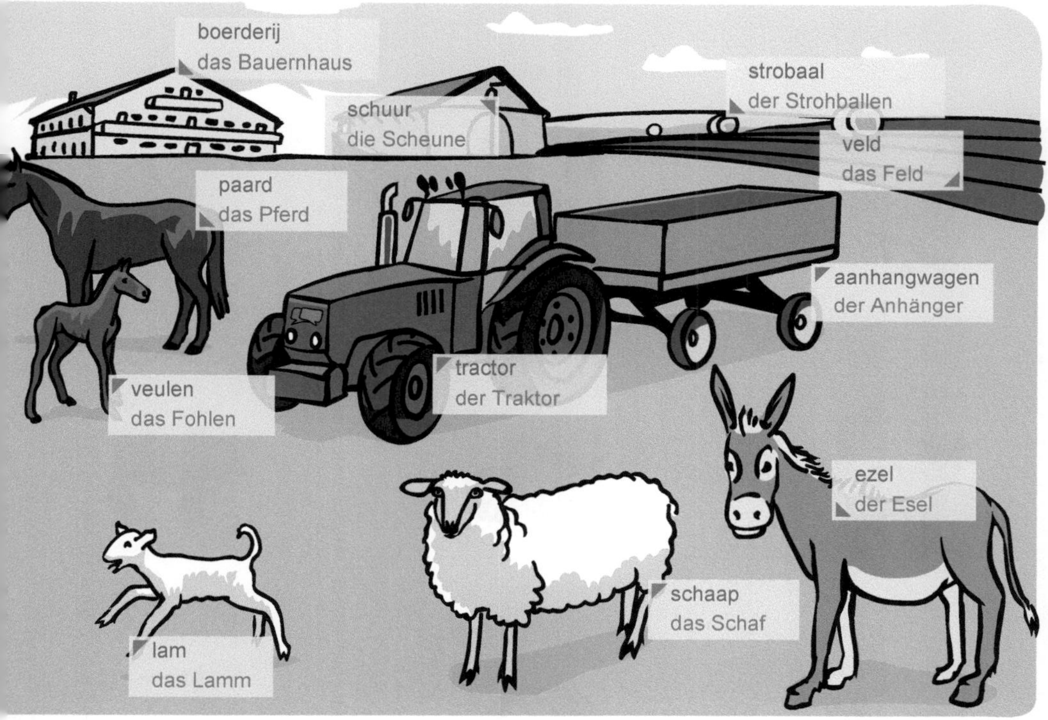
boerderij
das Bauernhaus
schuur
die Scheune
strobaal
der Strohballen
veld
das Feld
paard
das Pferd
aanhangwagen
der Anhänger
tractor
der Traktor
veulen
das Fohlen
ezel
der Esel
schaap
das Schaf
lam
das Lamm

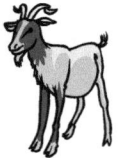

geit

die Ziege

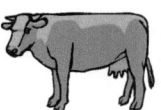

koe

die Kuh

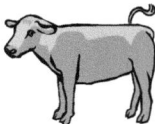

kalf

das Kalb

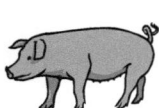

varken

das Schwein

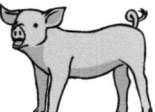

biggetje

das Ferkel

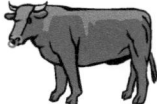

stier

der Stier

gans
die Gans

eend
die Ente

kuiken
das Küken

kip
das Huhn

haan
der Hahn

rat
die Ratte

kat
die Katze

muis
die Maus

os
der Ochse

hond
der Hund

hondenhok
die Hundehütte

tuinslang
der Gartenschlauch

gieter
die Gießkanne

zeis
die Sense

ploeg
der Pflug

sikkel
die Sichel

schoffel
die Hacke

hooivork
die Mistgabel

bijl
die Axt

kruiwagen
die Schubkarre

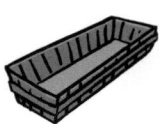

trog
der Trog

melkkan
die Milchkanne

zak
der Sack

hek
der Zaun

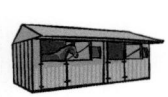

stal
der Stall

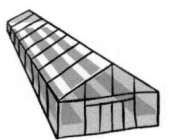

broeikas
das Treibhaus

bodem
der Boden

zaad
die Saat

mest
der Dünger

maaidorser
der Mähdrescher

oogsten
....
ernten

oogst
....
die Ernte

yam
....
die Yamswurzel

tarwe
....
der Weizen

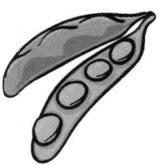

soja
....
das Soja

aardappel
....
der Erdapfel

maïs
....
der Mais

koolzaad
....
der Raps

fruitboom
....
der Obstbaum

maniok
....
der Maniok

graan
....
das Getreide

boerderij - der Bauernhof

huis
das Haus

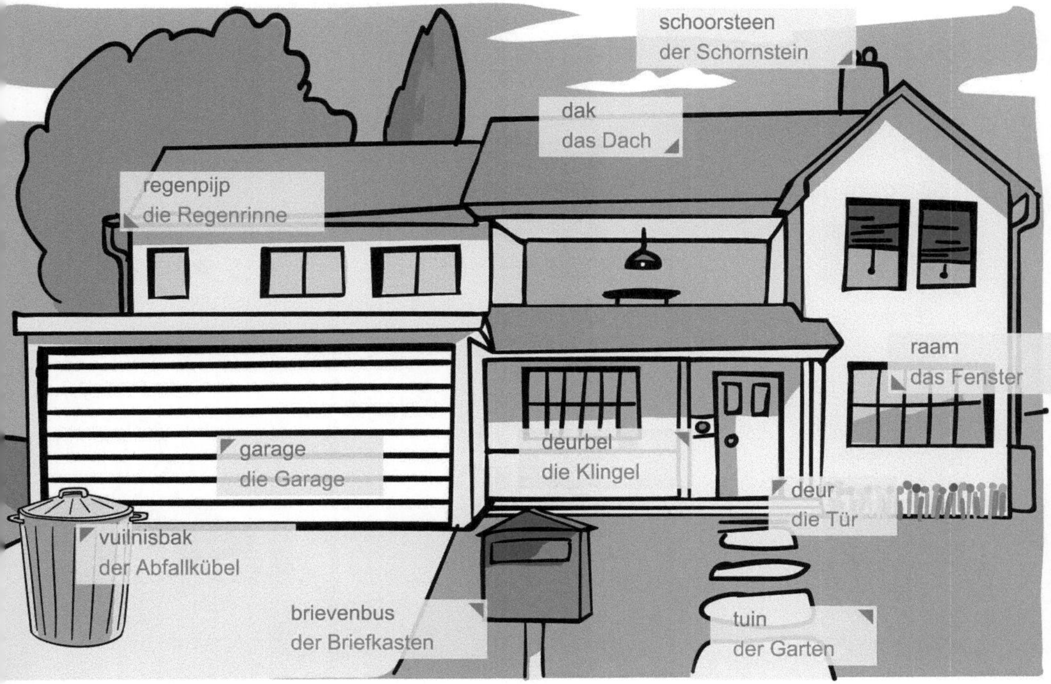
schoorsteen
der Schornstein
dak
das Dach
regenpijp
die Regenrinne
raam
das Fenster
deurbel
die Klingel
garage
die Garage
deur
die Tür
vuilnisbak
der Abfallkübel
brievenbus
der Briefkasten
tuin
der Garten

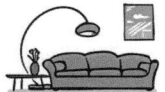

woonkamer

das Wohnzimmer

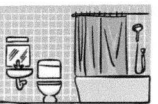

badkamer

das Badezimmer

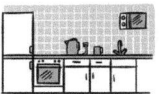

keuken

die Küche

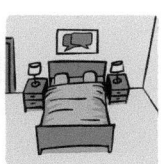

slaapkamer

das Schlafzimmer

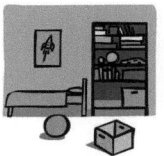

kinderkamer

das Kinderzimmer

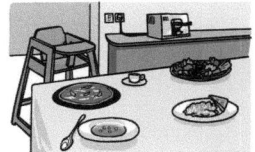

eetkamer

das Esszimmer

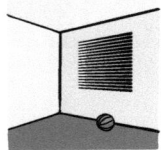

vloer

der Boden

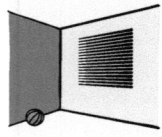

muur

die Wand

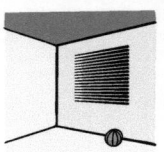

plafond

die Decke

kelder

der Keller

sauna

die Sauna

balkon

der Balkon

terras

die Terrasse

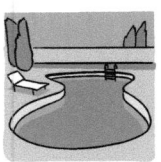

zwembad

das Schwimmbad

grasmaaier

der Rasenmäher

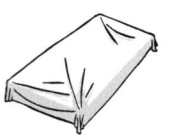

dekbedovertrek

der Bettbezug

dekbed

die Bettdecke

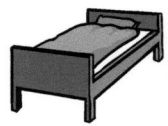

bed

das Bett

bezem

der Besen

emmer

der Kübel

schakelaar

der Schalter

woonkamer
das Wohnzimmer

behangpapier
die Tapete
foto
das Bild
lamp
die Lampe
schap
das Regal
kast
der Schrank
televisie
der Fernseher
open haard
der Kamin
bloem
die Blume
kussen
der Polster
sofa
das Sofa
vaas
die Vase
afstandsbediening
die Fernbedienung

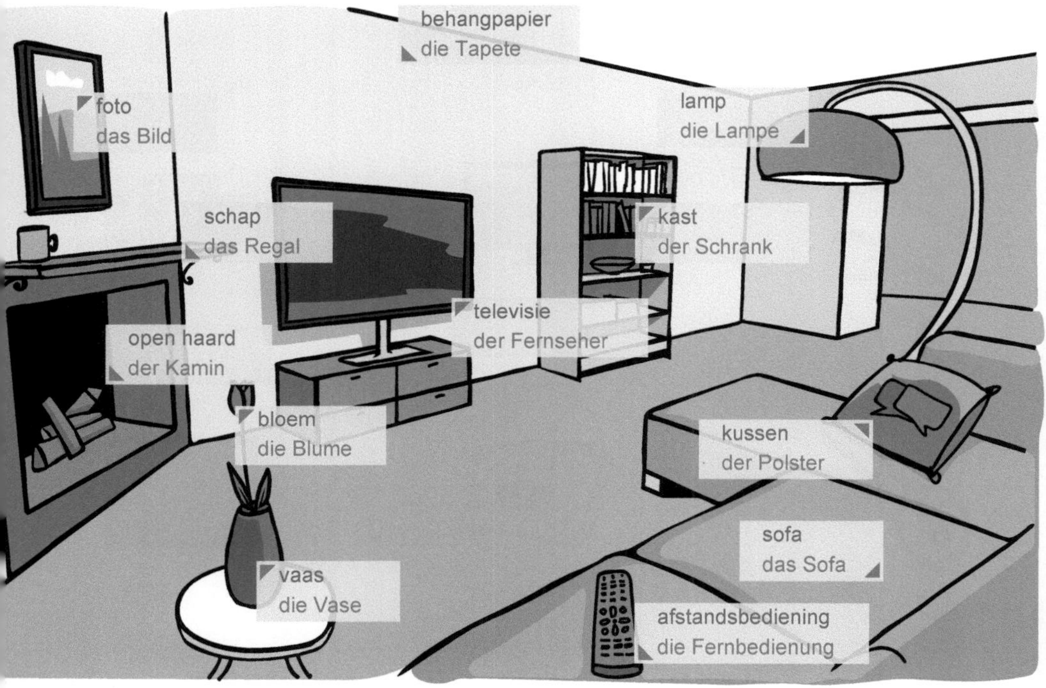

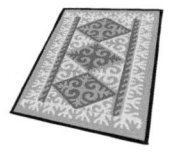

mat

der Teppich

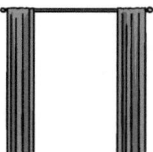

gordijn

der Vorhang

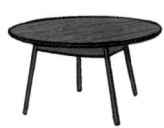

tafel

der Tisch

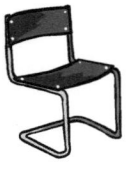

stoel

der Sessel

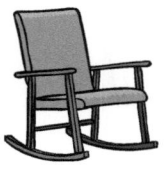

schommelstoel

der Schaukelstuhl

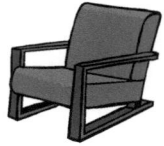

fauteuil

der Sessel

boek

das Buch

deken

die Decke

decoratie

die Dekoration

brandhout

das Feuerholz

film

der Film

stereo-installatie

die Stereoanlage

sleutel

der Schlüssel

krant

die Zeitung

schilderij

das Gemälde

poster

das Poster

radio

das Radio

notitieboekje

der Notizblock

stofzuiger

der Staubsauger

cactus

der Kaktus

kaars

die Kerze

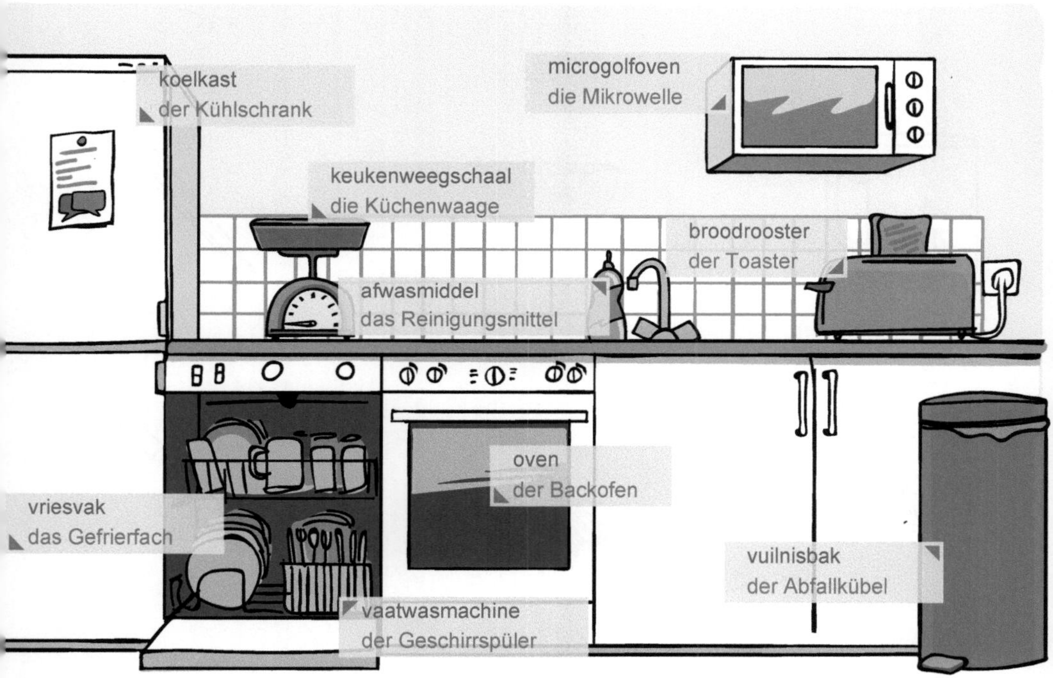

koelkast
der Kühlschrank

microgolfoven
die Mikrowelle

keukenweegschaal
die Küchenwaage

broodrooster
der Toaster

afwasmiddel
das Reinigungsmittel

oven
der Backofen

vriesvak
das Gefrierfach

vuilnisbak
der Abfallkübel

vaatwasmachine
der Geschirrspüler

fornuis
der Herd

pot
der Topf

gietijzeren pot
der Eisentopf

wok / kadai
der Wok / Kadai

pan
die Pfanne

waterkoker
der Wasserkocher

stoomkoker

der Dampfgarer

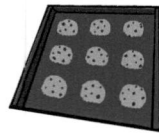

bakplaat

das Backblech

servies

das Geschirr

mok

der Becher

kom

die Schale

eetstokjes

die Essstäbchen

pollepel

der Schöpflöffel

spatel

der Pfannenwender

garde

der Schneebesen

vergiet

das Kochsieb

zeef

das Sieb

rasp

die Reibe

mortier

der Mörser

barbecue

der Grill

haardvuur

das Kaminfeuer

snijplank

das Schneidebrett

deegrol

das Nudelholz

kurkentrekker

der Korkenzieher

blik

die Dose

blikopener

der Dosenöffner

pannenlap

der Topflappen

gootsteen

das Waschbecken

borstel

die Bürste

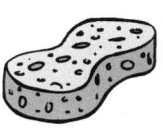

spons

der Schwamm

blender

der Mixer

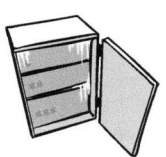

vriezer

die Gefriertruhe

papfles

die Babyflasche

kraan

der Wasserhahn

keuken - die Küche

badkamer
das Badezimmer

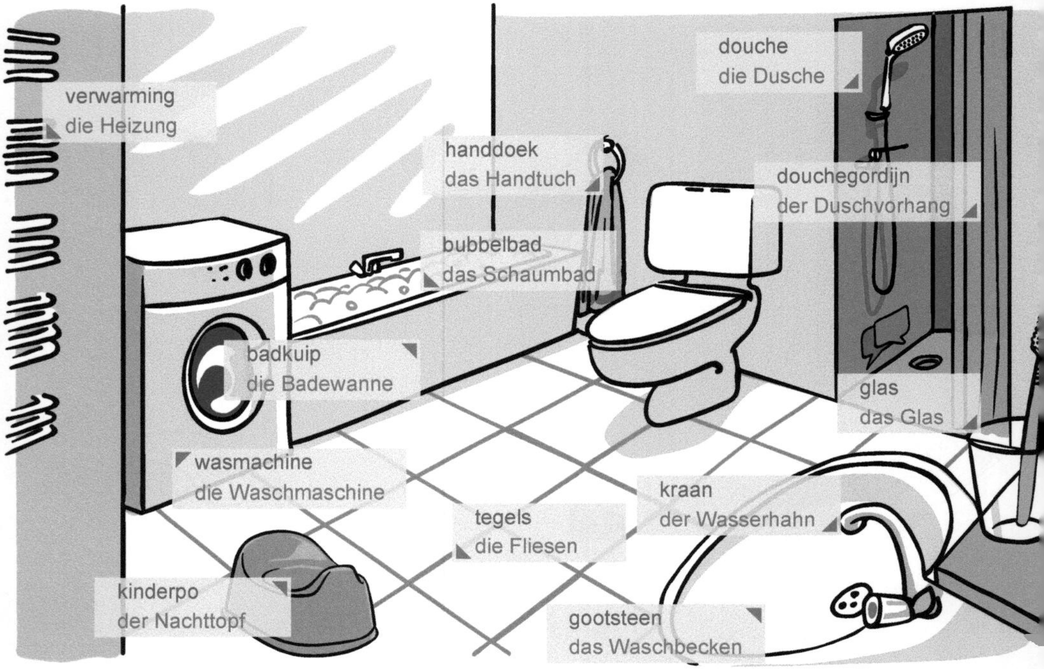

verwarming
die Heizung

douche
die Dusche

handdoek
das Handtuch

douchegordijn
der Duschvorhang

bubbelbad
das Schaumbad

badkuip
die Badewanne

glas
das Glas

wasmachine
die Waschmaschine

kraan
der Wasserhahn

tegels
die Fliesen

kinderpo
der Nachttopf

gootsteen
das Waschbecken

toilet
....
das Klo

hurktoilet
....
die Hocktoilette

bidet
....
das Bidet

urinoir
....
das Pissoir

toiletpapier
....
das Klopapier

toiletborstel
....
die Klobürste

tandenborstel

die Zahnbürste

tandpasta

die Zahnpasta

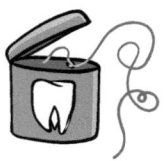

flosdraad

die Zahnseide

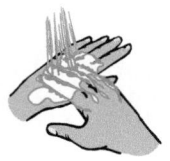

wassen

waschen

handdouche

die Handbrause

bidethanddouche

die Intimdusche

waskom

die Waschschüssel

rugborstel

die Rückenbürste

zeep

die Seife

douchegel

das Duschgel

shampoo

das Shampoo

washandje

der Waschlappen

afvoer

der Abfluss

crème

die Creme

deodorant

das Deodorant

spiegel

der Spiegel

handspiegel

der Kosmetikspiegel

scheermes

der Rasierer

scheerschuim

der Rasierschaum

aftershave

das Rasierwasser

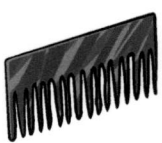

kam

der Kamm

borstel

die Bürste

haardroger

der Föhn

haarlak

das Haarspray

make-up

das Makeup

lippenstift

der Lippenstift

nagellak

der Nagellack

watten

die Watte

nagelknipper

die Nagelschere

parfum

das Parfum

toilettas

der Kulturbeutel

kruk

der Hocker

weegschaal

die Waage

badjas

der Bademantel

latex handschoenen

die Gummihandschuhe

tampon

das Tampon

maandverband

die Damenbinde

chemisch toilet

die Chemietoilette

kinderkamer
das Kinderzimmer

wekker
der Wecker
knuffel
das Kuscheltier
speelgoedauto
das Spielzeugauto
rammelaar
die Rassel
poppenhuis
das Puppenhaus
geschenk
das Geschenk

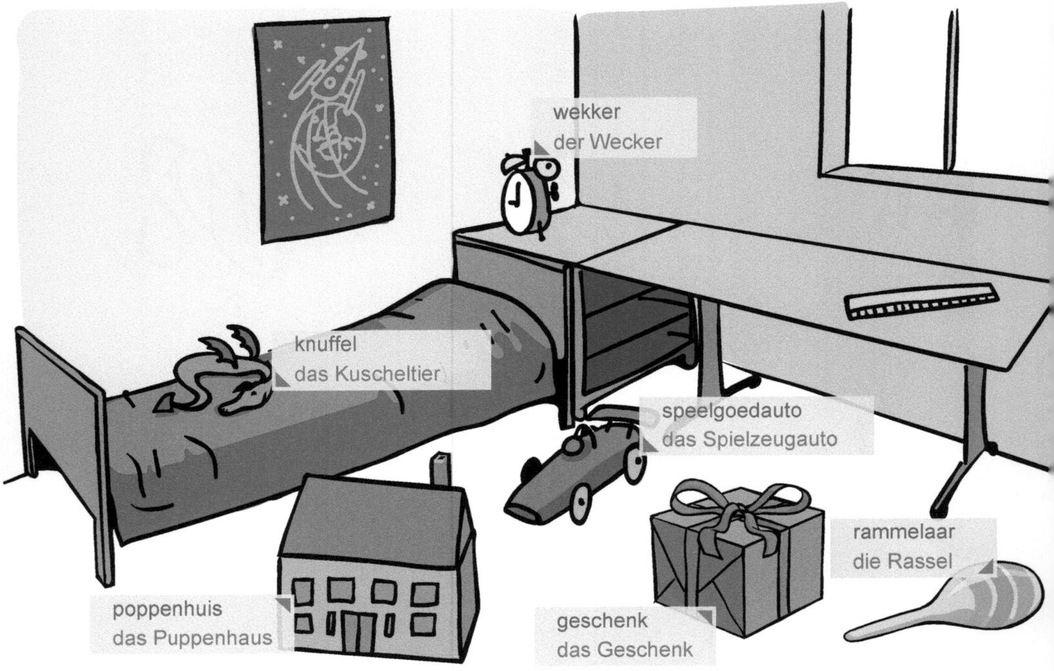

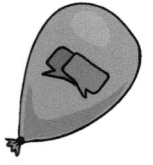

ballon

der Ballon

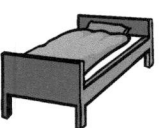

bed

das Bett

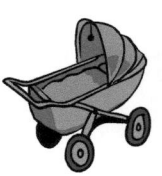

kinderwagen

der Kinderwagen

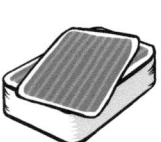

spel kaarten

das Kartenspiel

puzzel

das Puzzle

SUPER
MEGA

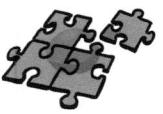

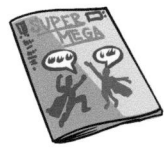

stripboek

der Comic

legoblokjes

die Legosteine

blokken

die Bausteine

actiefiguur

die Actionfigur

kruippakje

der Strampelanzug

frisbee

das Frisbee

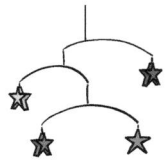

mobiel

das Mobile

bordspel

das Brettspiel

dobbelsteen

der Würfel

modelspoorweg

die Modelleisenbahn

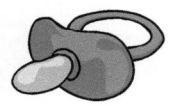

fopspeen

der Schnuller

feest

die Party

prentenboek

das Bilderbuch

bal

der Ball

pop

die Puppe

spelen

spielen

zandbak
....
der Sandkasten

schommel
....
die Schaukel

speelgoed
....
das Spielzeug

spelconsole
....
die Spielkonsole

driewieler
....
das Dreirad

knuffelbeer
....
der Teddy

kleerkast
....
der Kleiderschrank

kleding
die Kleidung

sokken
....
die Socken

kousen
....
die Strümpfe

maillot
....
die Strumpfhose

sjaal
der Schal

riem
der Gürtel

paraplu
der Regenschirm

T-shirt
das T-Shirt

laarzen
die Stiefel

slippers
die Hausschuhe

sneakers
die Turnschuhe

sandalen
....
die Sandalen

schoenen
....
die Schuhe

rubberlaarzen
....
die Gummistiefel

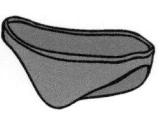

onderbroek
....
die Unterhose

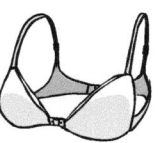

beha
....
der Büstenhalter

onderhemd
....
das Unterhemd

lichaam

der Body

broek

die Hose

jeans

die Jeans

rok

der Rock

blouse

die Bluse

hemd

das Hemd

trui

der Pullover

capuchontrui

der Kapuzenpullover

blazer

der Blazer

jas

die Jacke

jas

der Mantel

regenjas

der Regenmantel

kostuum

das Kostüm

jurk

das Kleid

trouwjurk

das Hochzeitskleid

pak

der Anzug

nachthemd

das Nachthemd

pyjama

der Pyjama

sari

der Sari

hoofddoek

das Kopftuch

tulband

der Turban

boerka

die Burka

kaftan

der Kaftan

abaya

die Abaya

badpak

der Badeanzug

zwembroek

die Badehose

short

die kurze Hose

trainingspak

der Jogginganzug

schort

die Schürze

handschoenen

die Handschuhe

knoop

der Knopf

bril

die Brille

armband

das Armband

ketting

die Halskette

ring

der Ring

oorbel

der Ohrring

pet

die Mütze

kapstok

der Kleiderbügel

hoed

der Hut

das

die Krawatte

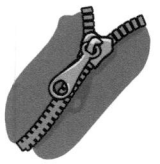

rits

der Reißverschluss

helm

der Helm

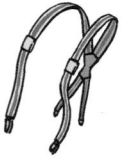

bretellen

der Hosenträger

schooluniform

die Schuluniform

uniform

die Uniform

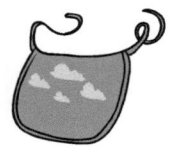

slabbetje

das Lätzchen

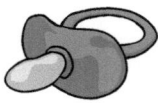

fopspeen

der Schnuller

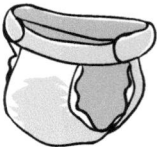

luier

die Windel

kantoor

das Büro

server
der Server
dossierkast
der Aktenschrank
printer
der Drucker
apier
as Papier
monitor
der Monitor
bureau
der Schreibtisch
muis
die Maus
map
der Ordner
toestenbord
die Tastatur
papiermand
der Papierkorb
stoel
der Sessel
computer
der Computer

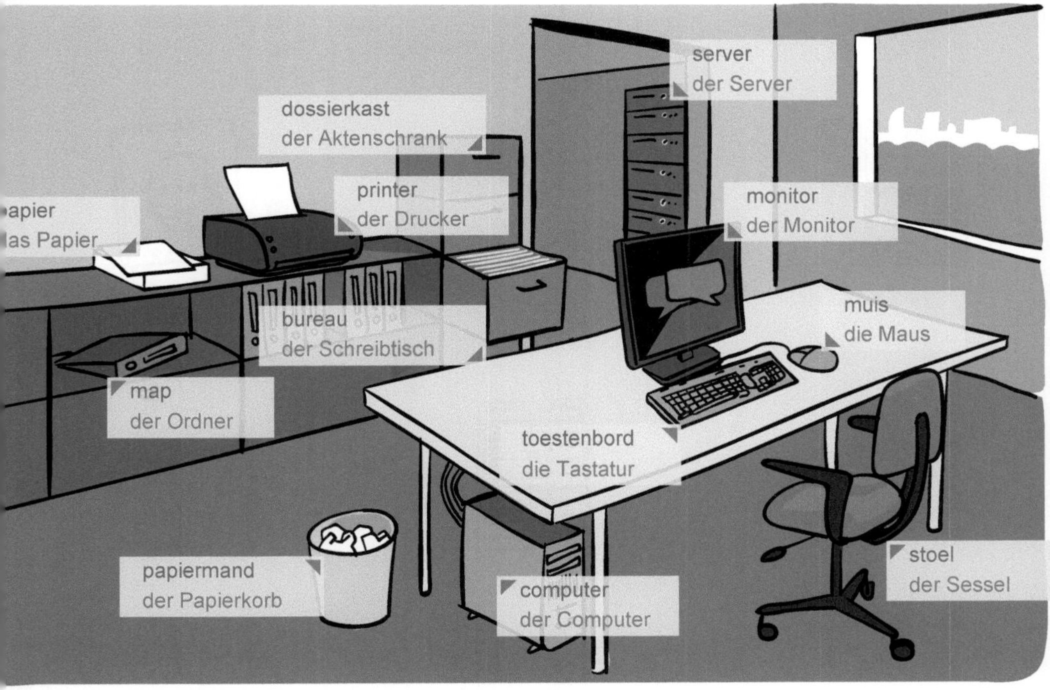

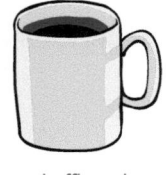

koffiemok

der Kaffeebecher

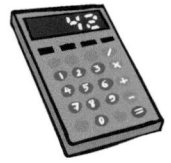

rekenmachine

der Taschenrechner

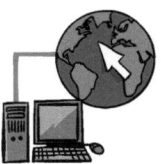

internet

das Internet

laptop

der Laptop

brief

der Brief

bericht

die Nachricht

gsm

das Handy

netwerk

das Netzwerk

kopieerapparaat

der Kopierer

software

die Software

telefoon

das Telefon

stopcontact

die Steckdose

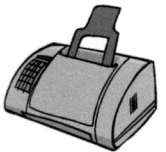

fax

das Fax

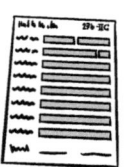

formulier

das Formular

document

das Dokument

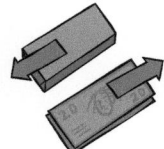

kopen

kaufen

betalen

bezahlen

handelen

handeln

geld

das Geld

dollar

der Dollar

euro

der Euro

yen

der Yen

roebel

der Rubel

Zwitserse frank

der Franken

Chinese renminbi

der Renminbi Yuan

roepie

die Rupie

geldautomaat

der Bankomat

wisselkantoor

die Wechselstube

goud

das Gold

zilver

das Silber

olie

das Öl

energie

die Energie

prijs

der Preis

contract

der Vertrag

belasting

die Steuer

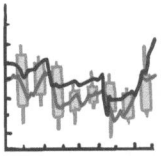

aandeel

die Aktie

werken

arbeiten

werknemer

der Angestellte

werkgever

der Arbeitgeber

fabriek

die Fabrik

winkel

das Geschäft

beroepen
die Berufe

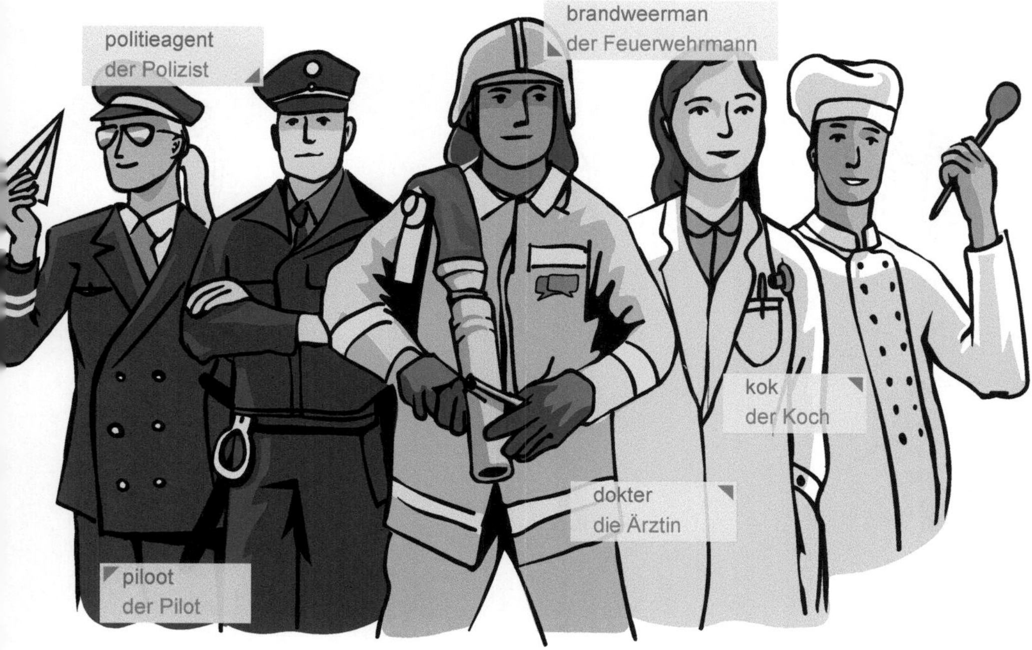
politieagent
der Polizist
brandweerman
der Feuerwehrmann
kok
der Koch
dokter
die Ärztin
piloot
der Pilot

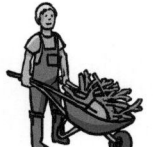

tuinman
der Gärtner

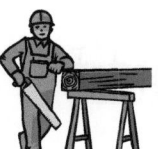

timmerman
der Tischler

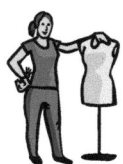

naaister
die Schneiderin

rechter
der Richter

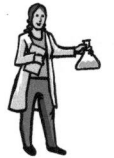

chemicus
die Chemikerin

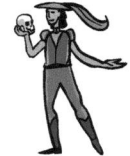

acteur
der Schauspieler

buschauffeur

der Busfahrer

taxichauffeur

der Taxifahrer

visser

der Fischer

schoonmaakster

die Putzfrau

dakdekker

der Dachdecker

ober

der Kellner

jager

der Jäger

schilder

der Maler

bakker

der Bäcker

elektricien

der Elektriker

bouwvakker

der Bauarbeiter

ingenieur

der Ingenieur

slager

der Schlachter

loodgieter

der Installateur

postbode

die Briefträgerin

soldaat

der Soldat

architect

der Architekt

kassier

die Kassiererin

bloemist

die Blumenhändlerin

kapper

der Friseur

conducteur

der Schaffner

mecanicien

der Mechaniker

kapitein

der Kapitän

tandarts

die Zahnärztin

wetenschapper

der Wissenschaftler

rabbijn

der Rabbi

imam

der Imam

monnik

der Mönch

geestelijke

der Pfarrer

werktuigen
die Werkzeuge

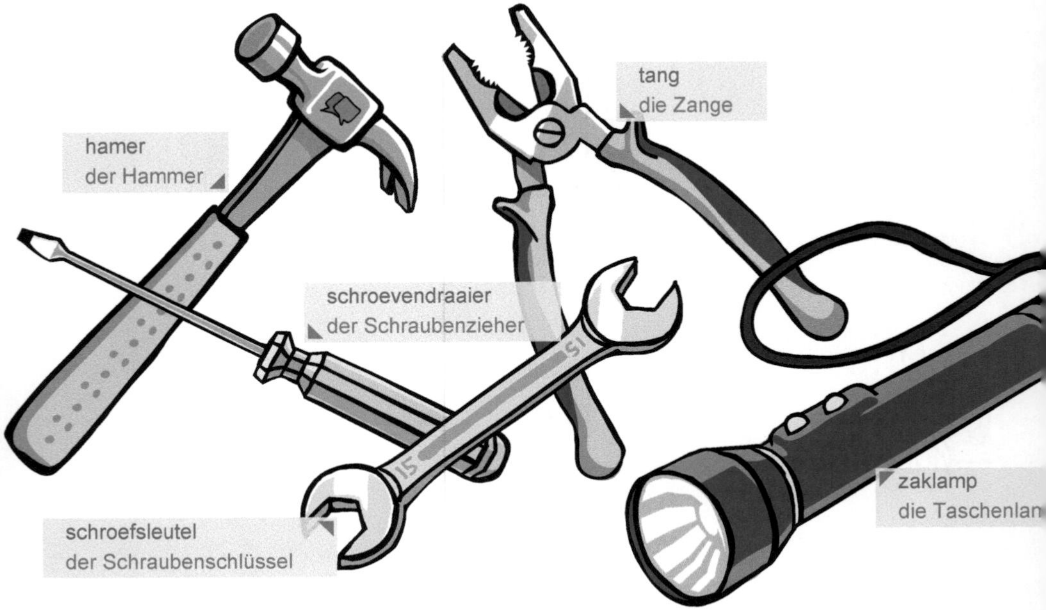

tang
die Zange
hamer
der Hammer
schroevendraaier
der Schraubenzieher
zaklamp
die Taschenlan
schroefsleutel
der Schraubenschlüssel

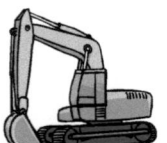

graafmachine
der Bagger

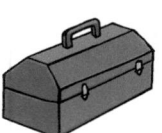

gereedschapskoffer
der Werkzeugkasten

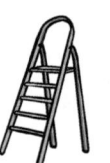

ladder
die Leiter

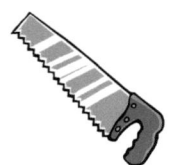

zaag
die Säge

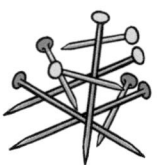

spijkers
die Nägel

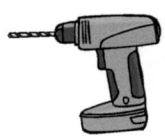

boormachine
der Bohrer

repareren
......
reparieren

schop
......
die Schaufel

Verdomme!
......
Scheiße!

blik
......
die Kehrschaufel

verfpot
......
der Farbtopf

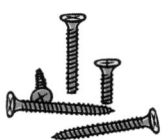

schroeven
......
die Schrauben

muziekinstrumenten
die Musikinstrumente

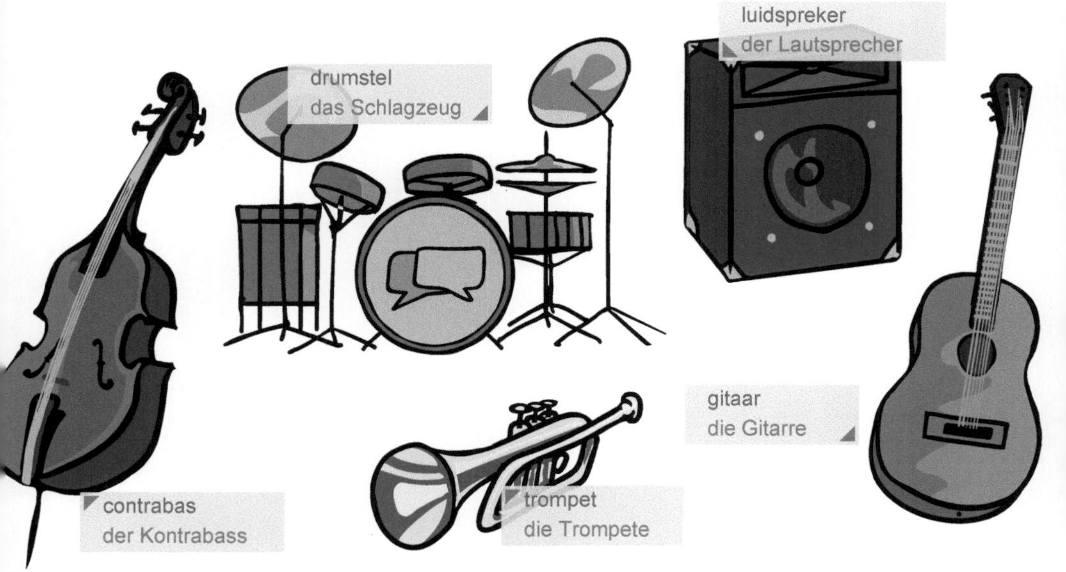

luidspreker
der Lautsprecher

drumstel
das Schlagzeug

gitaar
die Gitarre

contrabas
der Kontrabass

trompet
die Trompete

piano

das Klavier

viool

die Violine

basgitaar

der Bass

pauk

die Pauke

trommels

die Trommeln

keyboard

die Tastatur

saxofoon

das Saxophon

fluit

die Flöte

microfoon

das Mikrofon

zoo
der Zoo

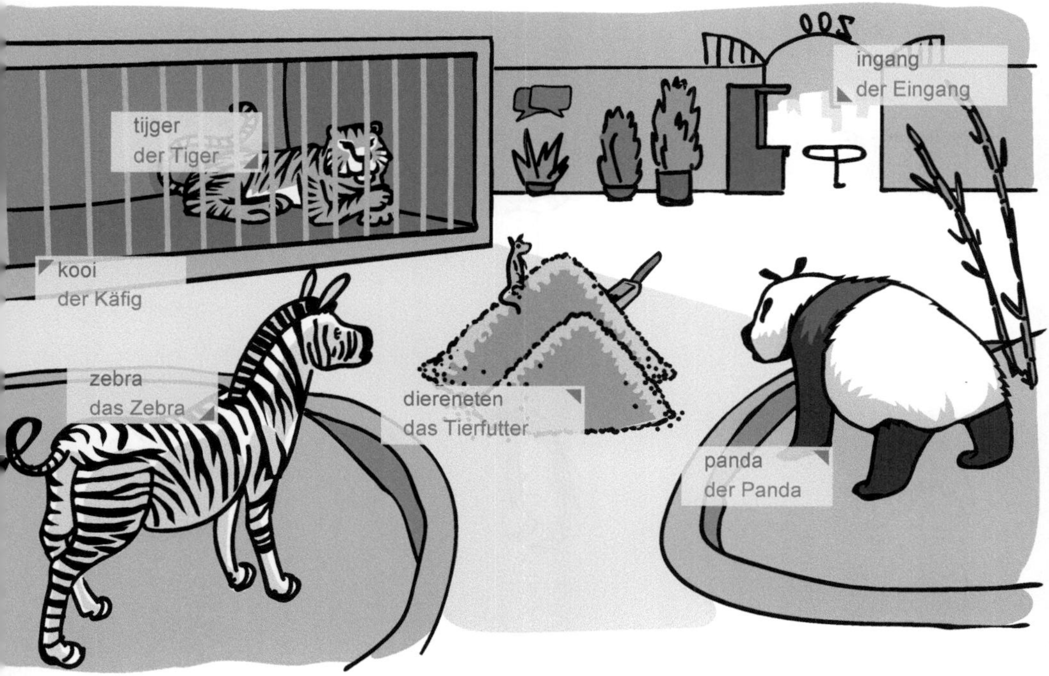

tijger
der Tiger
ingang
der Eingang
kooi
der Käfig
zebra
das Zebra
diereneten
das Tierfutter
panda
der Panda

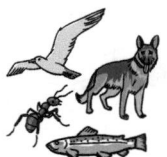

dieren

die Tiere

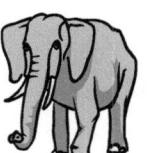

olifant

der Elefant

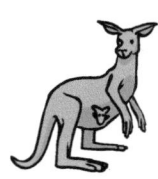

kangoeroe

das Känguru

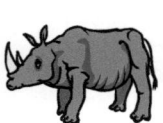

neushoorn

das Nashorn

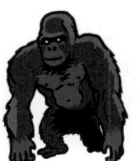

gorilla

der Gorilla

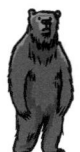

beer

der Bär

kameel

das Kamel

struisvogel

der Strauß

leeuw

der Löwe

aap

der Affe

flamingo

der Flamingo

papegaai

der Papagei

ijsbeer

der Eisbär

pinguïn

der Pinguin

haai

der Hai

pauw

der Pfau

slang

die Schlange

krokodil

das Krokodil

dierenverzorger

der Zoowärter

zeehond

die Robbe

jaguar

der Jaguar

zoo - der Zoo

pony

das Pony

luipaard

der Leopard

nijlpaard

das Nilpferd

giraffe

die Giraffe

adelaar

der Adler

wild zwijn

das Wildschwein

vis

der Fisch

zeeschildpad

die Schildkröte

walrus

das Walross

vos

der Fuchs

gazelle

die Gazelle

rugby
das American Football

wielrennen
das Radfahren

tennis
das Tennis

basketbal
der Basketball

zwemmen
das Schwimmen

boksen
das Boxen

ijshockey
das Eishockey

voetbal
der Fußball

badminton
das Badminton

atletiek
die Leichtathletik

handbal
der Handball

skiën
das Skifahren

polo
das Polo

activiteiten
die Aktivitäten

lachen
lachen
springen
springen
knuffelen
umarmen
wandelen
gehen
zingen
singen
dromen
träumen
bidden
beten
kussen
küssen

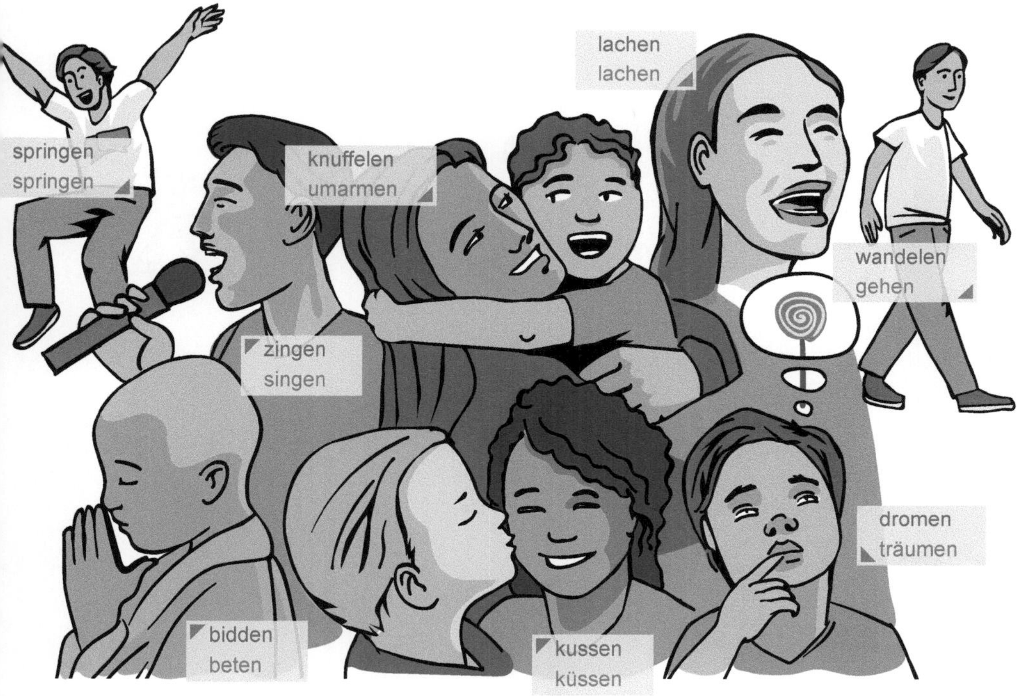

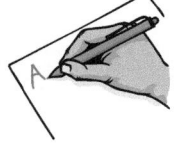

schrijven

schreiben

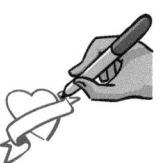

tekenen

zeichnen

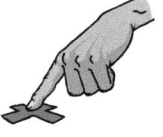

tonen

zeigen

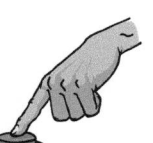

duwen

drücken

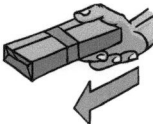

geven

geben

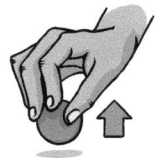

nemen

nehmen

hebben

haben

doen

machen

zijn

sein

staan

stehen

lopen

laufen

trekken

ziehen

gooien

werfen

vallen

fallen

liggen

liegen

wachten

warten

dragen

tragen

zitten

sitzen

aankleden

anziehen

slapen

schlafen

ontwaken

aufwachen

kijken naar

ansehen

wenen

weinen

aaien

streicheln

kammen

frisieren

praten

reden

begrijpen

verstehen

vragen

fragen

luisteren

hören

drinken

trinken

eten

essen

opruimen

zusammenräumen

houden van

lieben

koken

kochen

rijden

fahren

vliegen

fliegen

zeilen

segeln

rekenen

rechnen

Lezen

lesen

leren

lernen

werken

arbeiten

trouwen

heiraten

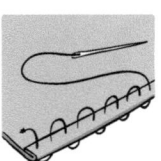

naaien

nähen

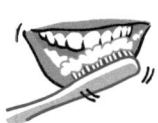

tandenpoetsen

Zähne putzen

doden

töten

roken

rauchen

sturen

senden

grootmoeder
Großmutter

grootvader
der Großvater

vader
der Vater

moeder
die Mutter

baby
das Baby

dochter
die Tochter

zoon
der Sohn

gast

der Gast

tante

die Tante

oom

der Onkel

broer

der Bruder

zus

die Schwester

familie - die Familie

lichaam
der Körper

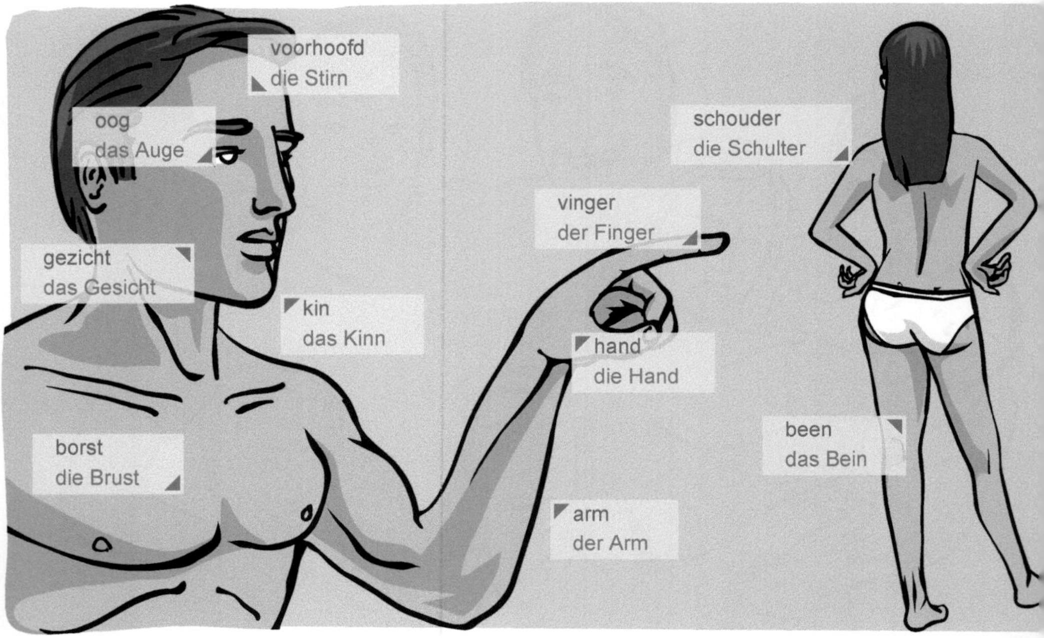

voorhoofd
die Stirn

oog
das Auge

schouder
die Schulter

vinger
der Finger

gezicht
das Gesicht

kin
das Kinn

hand
die Hand

borst
die Brust

been
das Bein

arm
der Arm

baby

das Baby

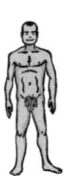

man

der Mann

vrouw

die Frau

meisje

das Mädchen

jongen

der Junge

hoofd

der Kopf

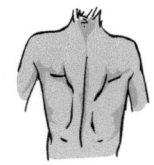

rug

der Rücken

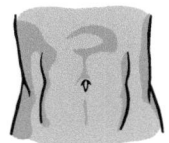

buik

der Bauch

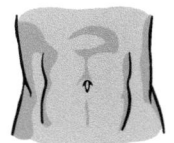

navel

der Nabel

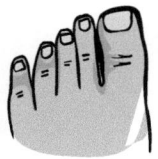

teen

der Zeh

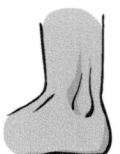

hiel

die Ferse

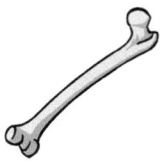

bot

der Knochen

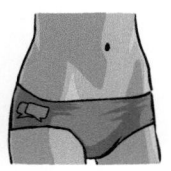

heup

die Hüfte

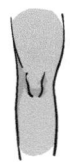

knie

das Knie

elleboog

der Ellbogen

neus

die Nase

zitvlak

das Gesäß

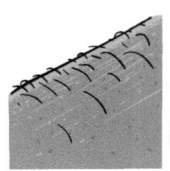

huid

die Haut

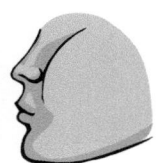

wang

die Wange

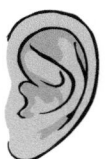

oor

das Ohr

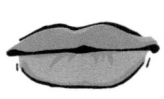

lip

die Lippe

mond

der Mund

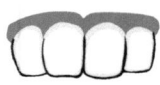

tand

der Zahn

tong

die Zunge

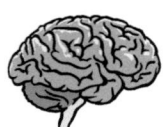

hersenen

das Gehirn

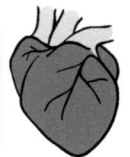

hart

das Herz

spier

der Muskel

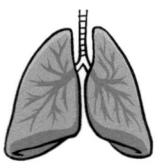

long

die Lunge

lever

die Leber

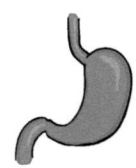

maag

der Magen

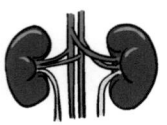

nieren

die Nieren

seks

der Geschlechtsverkehr

condoom

das Kondom

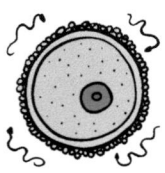

eicel

die Eizelle

sperma

das Sperma

zwangerschap

die Schwangerschaft

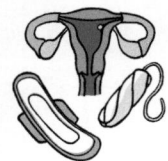

menstruatie

die Menstruation

vagina

die Vagina

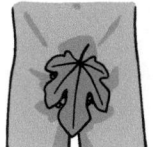

penis

der Penis

wenkbrauw

die Augenbraue

haar

das Haar

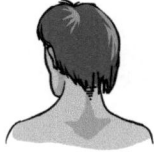

nek

der Hals

ziekenhuis
das Spital

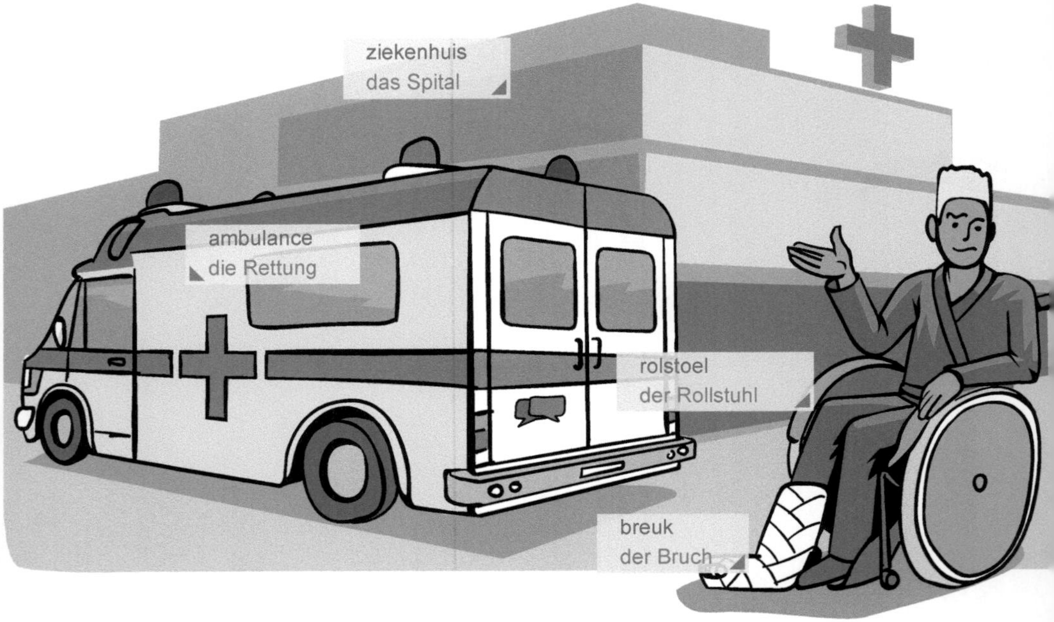

ziekenhuis
das Spital
ambulance
die Rettung
rolstoel
der Rollstuhl
breuk
der Bruch

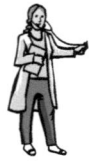

dokter

die Ärztin

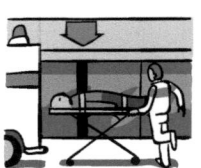

spoed

die Notaufnahme

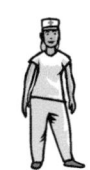

verpleegkundige

die Krankenschwester

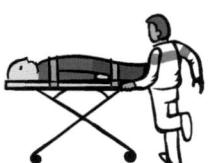

noodgeval

der Notfall

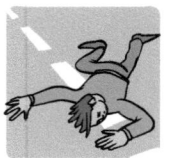

bewusteloos

ohnmächtig

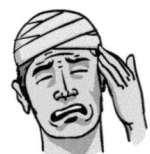

pijn

der Schmerz

verwonding

die Verletzung

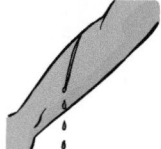

bloeding

die Blutung

hartaanval

der Herzinfarkt

beroerte

der Schlaganfall

allergie

die Allergie

hoest

der Husten

koorts

das Fieber

griep

die Grippe

diarree

der Durchfall

hoofdpijn

die Kopfschmerzen

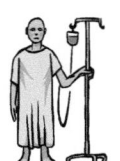

kanker

der Krebs

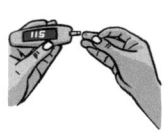

diabetes

die Diabetes

chirurg

der Chirurg

scalpel

das Skalpell

operatie

die Operation

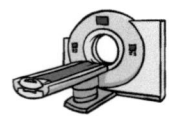

CT

das CT

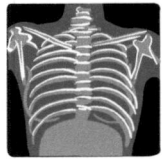

röntgenstraal

das Röntgen

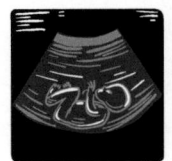

ultrageluid

der Ultraschall

gezichtsmasker

die Maske

ziekte

die Krankheit

wachtkamer

das Wartezimmer

kruk

die Krücke

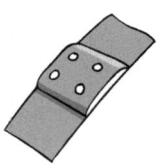

pleister

das Pflaster

verband

der Verband

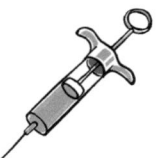

injectie

die Injektion

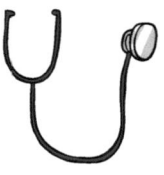

stethoscoop

das Stethoskop

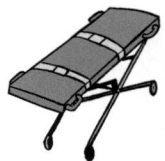

brancard

die Trage

thermometer

das Thermometer

geboorte

die Geburt

overgewicht

das Übergewicht

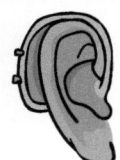

hoorapparaat

das Hörgerät

ontsmettingsmiddel

das Desinfektionsmittel

infectie

die Infektion

virus

das Virus

HIV / AIDS

das HIV / AIDS

medicijn

die Medizin

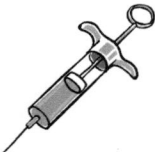

vaccinatie

die Impfung

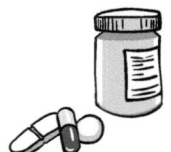

tabletten

die Tabletten

pil

die Pille

noodoproep

der Notruf

bloeddrukmeter

der Blutdruckmesser

ziek / gezond

krank / gesund

Help!

Hilfe!

alarm

der Alarm

overval

der Überfall

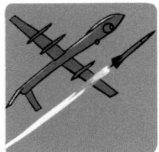

aanval

der Angriff

gevaar

die Gefahr

nooduitgang

der Notausgang

Brand!

Feuer!

brandblusser

der Feuerlöscher

ongeval

der Unfall

EHBO-kit

der Erste-Hilfe-Koffer

SOS

SOS

politie

die Polizei

Europa

das Europa

Noord-Amerika

das Nordamerika

Zuid-Amerika

das Südamerika

Afrika

das Afrika

Azië

das Asien

Australië

das Australien

Atlantische Oceaan

der Atlantik

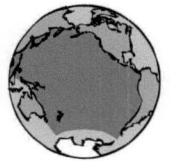

Stille Oceaan

der Pazifik

Indische Oceaan

der Indische Ozean

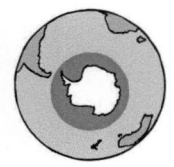

Antarctische Oceaan

der Antarktische Ozean

Arctische Oceaan

der Arktische Ozean

Noordpool

der Nordpol

Zuidpool

der Südpol

Antarctica

die Antarktis

aarde

die Erde

land

das Land

zee

das Meer

eiland

die Insel

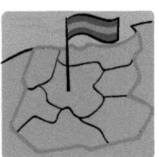

natie

die Nation

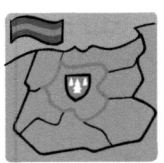

staat

der Staat

wijzerplaat

das Ziffernblatt

uurwijzer

der Stundenzeiger

minuutwijzer

der Minutenzeiger

secondewijzer

der Sekundenzeiger

Hoe laat is het?

Wie spät ist es?

dag

der Tag

tijd

die Zeit

nu

jetzt

digitale horloge

die Digitaluhr

minuut

die Minute

uur

die Stunde

week

die Woche

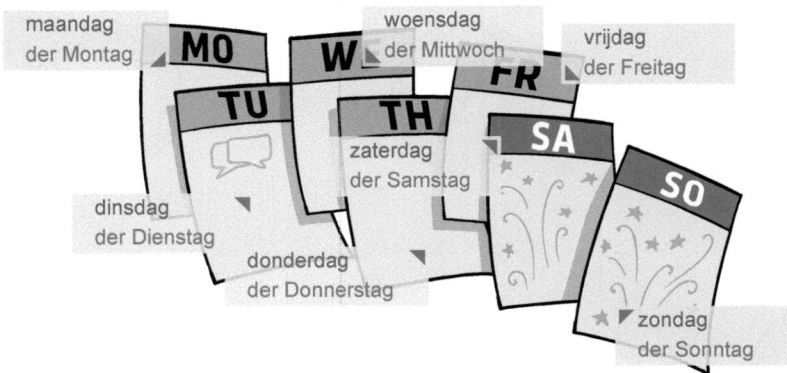

maandag — der Montag
woensdag — der Mittwoch
vrijdag — der Freitag
dinsdag — der Dienstag
zaterdag — der Samstag
donderdag — der Donnerstag
zondag — der Sonntag

gisteren

gestern

vandaag

heute

morgen

morgen

ochtend

der Morgen

middag

der Mittag

avond

der Abend

werkdagen

die Arbeitstage

weekend

das Wochenende

jaar

das Jahr

regen
der Regen
regenboog
der Regenbogen
sneeuw
der Schnee
wind
der Wind
lente
der Frühling
herfst
der Herbst
zomer
der Sommer
winter
der Winter

4.APRIL 11°
5.APRIL 4°
6.APRIL 13°
7.APRIL 8°
8.APRIL 10°

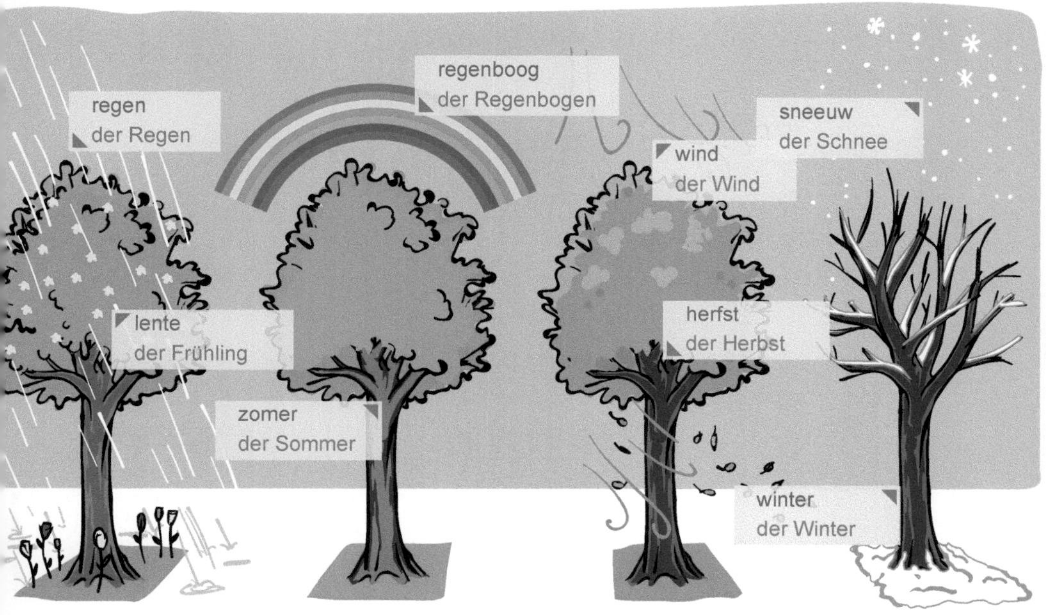

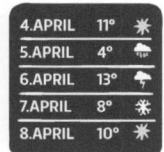

weervoorspelling

die Wettervorhersage

F
C

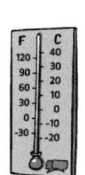

thermometer

das Thermometer

zonneschijn

der Sonnenschein

wolk

die Wolke

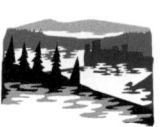

mist

der Nebel

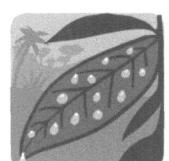

vochtigheid

die Luftfeuchtigkeit

bliksem

der Blitz

donder

der Donner

storm

der Sturm

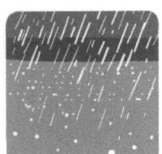

hagel

der Hagel

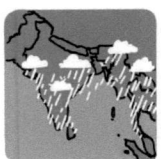

moesson

der Monsun

overstroming

die Flut

ijs

das Eis

januari

der Jänner

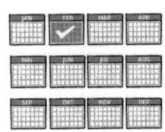

februari

der Februar

maart

der März

april

der April

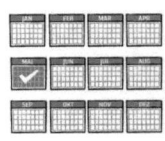

mei

der Mai

juni

der Juni

juli

der Juli

augustus

der August

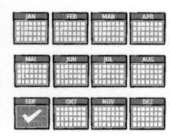

september
....
der September

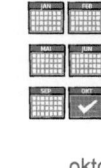

oktober
....
der Oktober

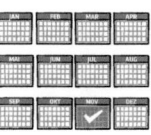

november
....
der November

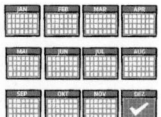

december
....
der Dezember

vormen
die Formen

cirkel
....
der Kreis

kwadraat
....
das Quadrat

rechthoek
....
das Rechteck

driehoek
....
das Dreieck

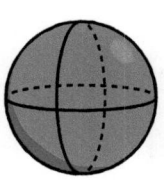

bol
....
die Kugel

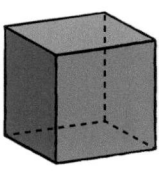

kubus
....
der Würfel

wit

weiß

geel

gelb

oranje

orange

roze

pink

rood

rot

paars

lila

blauw

blau

groen

grün

bruin

braun

grijs

grau

zwart

schwarz

veel / weinig

viel / wenig

boos / kalm

wütend / friedlich

mooi / lelijk

hübsch / hässlich

begin / einde

der Anfang / das Ende

groot / klein

groß / klein

licht / donker

hell / dunkel

broer / zus

er Bruder / die Schwester

proper / vuil

sauber / schmutzig

volledig / onvolledig

vollständig / unvollständig

dag / nacht

der Tag / die Nacht

dood / levend

tot / lebendig

breed / smal

breit / schmal

eetbaar / oneetbaar

genießbar / ungenießbar

kwaadaardig / vriendelijk

böse / freundlich

opgewonden / verveeld

aufgeregt / gelangweilt

dik / dun

dick / dünn

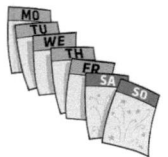

eerst / laatst

zuerst / zuletzt

vriend / vijand

der Freund / der Feind

vol / leeg

voll / leer

hard / zacht

hart / weich

zwaar / licht

schwer / leicht

honger / dorst

der Hunger / der Durst

ziek / gezond

krank / gesund

illegaal / legaal

illegal / legal

intelligent / dom

gescheit / dumm

links / rechts

links / rechts

dichtbij / veraf

nah / fern

nieuw / gebruikt

neu / gebraucht

niets / iets

nichts / etwas

oud / jong

alt / jung

aan / uit

an / aus

open / dicht

offen / geschlossen

stil / luid

leise / laut

rijk / arm

reich / arm

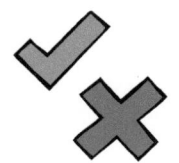

juist / fout

richtig / falsch

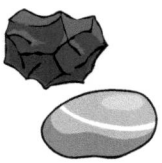

ruw / glad

rau / glatt

droevig / blij

traurig / glücklich

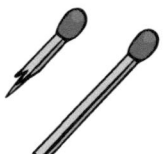

kort / lang

kurz / lang

traag / snel

langsam / schnell

nat / droog

nass / trocken

warm / koud

warm / kühl

oorlog / vrede

der Krieg / der Frieden

0

nul

null

1

één

eins

2

twee

zwei

3

drie

drei

4

vier

vier

5

vijf

fünf

6

zes

sechs

7

zeven

sieben

8

acht

acht

9

negen

neun

10

tien

zehn

11

elf

elf

12

twaalf

zwölf

13

dertien

dreizehn

14

veertien

vierzehn

15

vijftien

fünfzehn

16

zestien

sechzehn

17

zeventien

siebzehn

18

achtien

achtzehn

19

negentien

neunzehn

20

twintig

zwanzig

100

honderd

hundert

1.000

duizend

tausend

1.000.000

miljoen

Million

Talen

die Sprachen

Engels
....
Englisch

Amerikaans Engels
....
Amerikanisches Englisch

Chinees (Mandarijn)
....
Chinesisch (Mandarin)

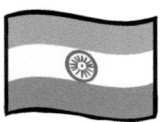

Hindi
....
Hindi

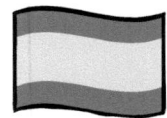

Spaans
....
Spanisch

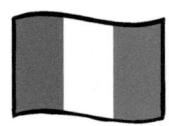

Frans
....
Französisch

Arabisch
....
Arabisch

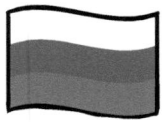

Russisch
....
Russisch

Portugees
....
Portugiesisch

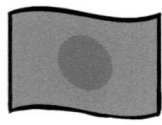

Bengali
....
Bengalisch

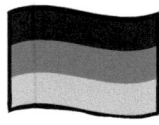

Duits
....
Deutsch

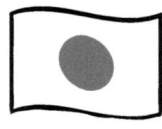

Japans
....
Japanisch

ik
ich

u
du

hij / zij / het
er / sie / es

wij
wir

u
ihr

ze
sie

wie?
Wer?

wat?
Was?

hoe?
Wie?

waar?
Wo?

wanneer?
Wann?

naam
Name

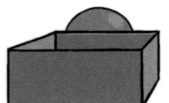

achter

hinter

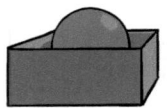

in

in

voor

vor

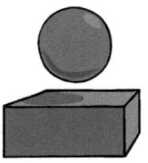

boven

über

op

auf

onder

unter

naast

neben

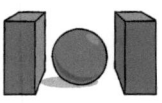

tussen

zwischen

plaats

der Ort